심미혜의 자연 이야기 ❶ ······ 나비를 따라갔어요

김미혜

1962년 서울에서 태어나 양평에서 자랐습니다. 자연 속에서 놀기를 좋아하여 사진기를 들고 숲에 자주 갑니다. 아이들과 함께 동시를 읽고 동시 놀이 하는 것도 좋아합니다. 동시집 《아기 까치의 우산》, 《아빠를 딱 하루만》 들을 냈고, 《우리 집에 직박구리가 왔어요》, 《저승사자에게 잡혀간 호랑이》, 《꽃마중》, 《그림 그리는 새》, 《누렁이의 정월 대보름》 들을 썼습니다.

이광익

1969년 서울에서 대학에서 시각디자인을 공부했습니다. 나무가 많은 숲길을 따라 걷기를 좋아하며 산책하면서 상상한 것들을 그림 속에 담아 내는 일을 즐깁니다. 그린 책으로 《우리 집에 직박구리가 왔어요》, 《과학자와 놀자》, 《홍길동전》, 《구스코 부도리의 전기》, 《생명의 별 태양》, 《꼬리 잘린 생쥐》, 《장수 되는 물》, 《쨍아》, 《접동새 누이》 들이 있습니다.

김미혜의 자연 이야기 ❶ **나비를 따라갔어요** 김미혜 글, 사진·이광익 그림

1판 1쇄 펴낸날 2007년 5월 28일 | 1판 11쇄 펴낸날 2020년 7월 17일
펴낸이 이충호 | 펴낸곳 길벗어린이㈜ | 등록번호 제10-1227호 | 등록일자 1995년 11월 6일
주소 04000 서울시 마포구 월드컵북로 45 에스티아워비엔씨 2F | 대표전화 02-6353-3700 | 팩스 02-6353-3702 | 홈페이지 www.gilbutkid.co.kr
편집 송지현 최은영 임하나 이현성 | 디자인 김연수 송윤정 | 마케팅 호종민 김서연 황혜민 강경선 | 총무·제작 임희영 최유리 정현미 윤희영
ISBN 978-89-5582-161-1 73810

글 ⓒ 김미혜 2007 · 그림 ⓒ 이광익 2007 이 책은 저작권법에 따라 보호받는 저작물이므로, 저작권자와 길벗어린이㈜의 허락 없이는 이 책의 내용을 쓸 수 없습니다.

* 박재철(26, 27쪽), 황보연(37~39쪽), 이광익(10쪽 아래, 18쪽 아래, 33쪽 위, 55쪽 맨 위, 58쪽, 59쪽 아래, 62쪽) 님이 사진을 제공해 주었습니다.
  그 밖의 사진은 모두 글쓴이가 직접 찍은 것입니다.
* 이 책은 (재)인천문화재단 문화예술육성 지원금을 받아 만들었습니다.

이 책의 국립중앙도서관 출판예정도서목록(CIP)은 서지정보유통지원시스템 홈페이지(http://seoji.nl.go.kr)와
국가자료공동목록시스템(http://www.nl.go.kr/kolisnet)에서 이용하실 수 있습니다. (CIP 제어번호 : CIP2013017732)

김미혜의 자연 이야기 ❶

나비를 따라갔어요

김미혜 글 · 이광익 그림

길벗어린이

머리말

참 좋은 친구 참 좋은 놀이터, 자연

　입이 근질거릴 때가 많습니다. 자벌레가 풀잎 갉아 먹는 것 봤다, 방울실잠자리가 짝짓기 하는 것 봤다, 거위벌레가 나뭇잎 돌돌 마는 것 봤다……. 자랑하고 싶어 직박구리처럼 뻿뻿거리고 싶어진답니다. 꽤 부자지요? 자랑할 게 제법 많으니까요. 처음 만난 사람한테도 뻿뻿, 늘 만나는 사람한테도 뻿뻿……. 심지어는 애벌레 때문에 여름이 싫다는 사람한테도 애벌레 본 이야기를 자랑하느라 조잘거릴 때가 있습니다. 5월의 연둣빛 나뭇잎처럼 맑아진 마음을 혼자 품을 수가 없기 때문이랍니다.

　세상에서 가장 큰 즐거움이 무엇이냐 물어본다면 여러분은 무어라 대답하겠어요? 저는 서슴지 않고 자연과 만나는 일이라고 말하겠습니다. 온갖 진귀한 생명들과 마음을 나누는데 어찌 심드렁할 수 있겠어요. 어슬렁어슬렁 동네를 한 바퀴 돌면 안녕! 안녕! 인사 나눌 친구가 천지인데요. 한두 시간 노닥거릴 놀이터가 천지인데요.

　《나비를 따라갔어요》에 나오는 자벌레와 방울실잠자리와

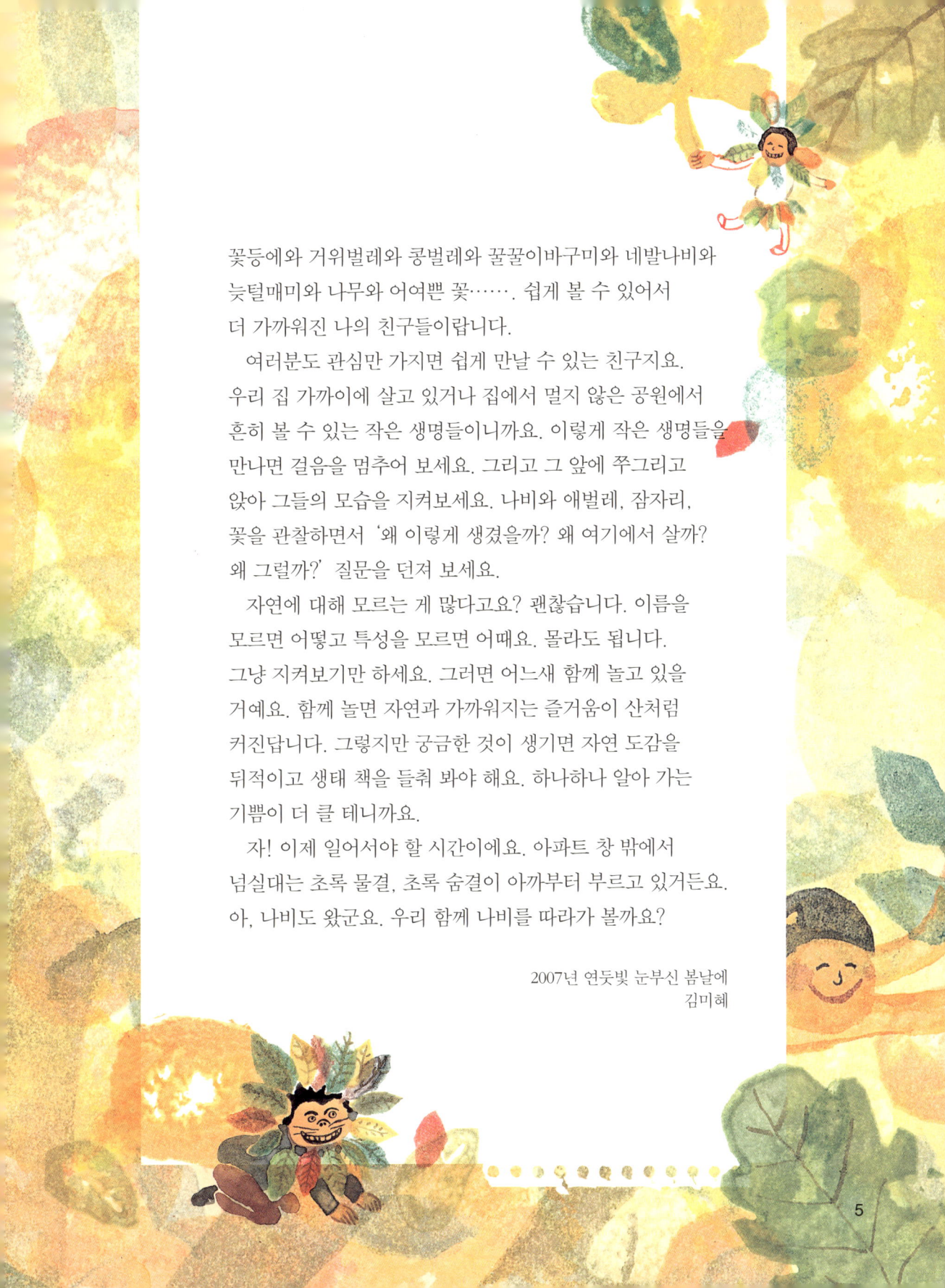

꽃등에와 거위벌레와 콩벌레와 꿀꿀이바구미와 네발나비와 늦털매미와 나무와 어여쁜 꽃……. 쉽게 볼 수 있어서 더 가까워진 나의 친구들이랍니다.

여러분도 관심만 가지면 쉽게 만날 수 있는 친구지요. 우리 집 가까이에 살고 있거나 집에서 멀지 않은 공원에서 흔히 볼 수 있는 작은 생명들이니까요. 이렇게 작은 생명들을 만나면 걸음을 멈추어 보세요. 그리고 그 앞에 쭈그리고 앉아 그들의 모습을 지켜보세요. 나비와 애벌레, 잠자리, 꽃을 관찰하면서 '왜 이렇게 생겼을까? 왜 여기에서 살까? 왜 그럴까?' 질문을 던져 보세요.

자연에 대해 모르는 게 많다고요? 괜찮습니다. 이름을 모르면 어떻고 특성을 모르면 어때요. 몰라도 됩니다. 그냥 지켜보기만 하세요. 그러면 어느새 함께 놀고 있을 거예요. 함께 놀면 자연과 가까워지는 즐거움이 산처럼 커진답니다. 그렇지만 궁금한 것이 생기면 자연 도감을 뒤적이고 생태 책을 들춰 봐야 해요. 하나하나 알아 가는 기쁨이 더 클 테니까요.

자! 이제 일어서야 할 시간이에요. 아파트 창 밖에서 넘실대는 초록 물결, 초록 숨결이 아까부터 부르고 있거든요. 아, 나비도 왔군요. 우리 함께 나비를 따라가 볼까요?

2007년 연둣빛 눈부신 봄날에
김미혜

차례

머리말 자연은 훌륭한 놀이터, 멋진 친구 4

내 이야기 좀 들어봐 9

벌레야 놀자 25

나무, 나뭇잎과 놀기 43

두 발을 감추고, 네발나비

엄마 손등에 나비가 앉았어요.
엄마는 착한 사람인가 봐요.
곤충이 제일 무서워하는 게 사람이랬는데
엄마 손등에 나비가 한참이나 앉아 있었거든요.

"이 나비는 네발나비야. 왜 네발나비라고 할까?"
"음… 음……."
"발이 네 개 있어서야. 곤충 발은 여섯 개인데,
진짜 네 개만 있을까?"
하나, 둘, 셋, 넷.
아무리 살펴보아도 네 개만 보여요.
어찌 된 걸까요.

"자, 나비 발이 몇 개인가 볼까?"
엄마가 나비 가슴을 건드렸어요.
앗! 숨은 발이 두 개.

"날 잡아 못 살게 구는 거 불쾌하지만 참는다 참아.
날개 다치지 않게 잡아 줬으니까."

"발 두 개가 퇴화한 거야.
그래서 네 개처럼 보이는 거지."
네발나비는 다른 나비들처럼 여섯 개 발을
다 쓸 필요가 없나 봐요.
그래, 넌 진화한 나비!

"안녕, 네발나비~."
네발나비를 보내 주고 숲으로 숲으로.

엄마가 환삼덩굴 앞에서 걸음을 멈추었어요.
환삼덩굴은 줄기에 자잘한 가시가 있어요.
그래서 깔깔이풀이라 부르기도 한대요.
손에 스치면 상처를 내기 때문에
감히 만지지 못하는 풀이지요.

"이 뒤에 뭐가 있을까?"
"애벌레요!"
"왜?"
"안 봐도 비디오죠. 애벌레는 구멍 뚫기 선수잖아요."
"그럼 뒤집어 볼까?"

역시!
애벌레가 있어요.
"네발나비 애벌레란다.
네발나비 애벌레는 환삼덩굴을 먹고 살지."
손에 빨간 줄을 죽죽 긋는 사나운 풀을 먹고 살다니!
네발나비는 엄청나게 용감하지요?

애벌레들이 아무 풀이나 먹는 줄 알았어요.
그런데 나비 애벌레는 먹는 식물이 정해져 있대요.
편식하면 안 좋다고 엄마는 골고루 먹으라 하는데
나비는 잔소리쟁이 엄마가 없나 봐요.

네발나비가 환삼덩굴에 알을 낳고
알에서 깬 애벌레가 환삼덩굴 잎을 먹고
번데기가 되고 나비가 되고…….
구멍 뿡뿡 뚫린 환삼덩굴이
오늘은 참 예뻐 보이네요.

해로운 곤충이라고?

줄줄 점이 있어 줄점팔랑나비
팔랑팔랑 날아다녀 팔랑나비
요기로 팔랑 조기로 팔랑.

줄점팔랑나비는 꽃에 앉아서도 날개를 가만 놔두질 않아요.
접었다 폈다 접었다 폈다, 산만하기 짝이 없지요.

잡았다!
나비를 잡았어요.
층꽃풀 꽃에 긴 대롱을 꽂아
꿀을 빨고 있는 이 녀석을 우리가 잡았다고요!
"너, 참 이쁘다!"
그런데 농부들은 줄점팔랑나비를 싫어한대요.
애벌레가 벼 잎을 갉아 먹어 피해를 주어서 그렇다나요.

"너! 나쁜 곤충이니?"
"사람들이 해충이라고 부르니까 나쁜 곤충이
맞을지도 몰라. 하지만 좀 이상해."

"왜?"
"아까 층꽃풀이 나한테 고맙다고 그랬거든.
꽃가루를 옮겨 주는 좋은 곤충이라고."
"아, 그렇구나. 이쪽에서 보면 고마운 나비,
저쪽에서 보면 괘씸한 나비!"

우리가 고개를 끄덕일 때 줄점팔랑나비가
팔랑팔랑 날아가 버렸어요.
"나 간다! 날 예뻐하는 꽃에게로."
나비를 따라 우리도 팔랑팔랑 뛰었지요.
그런데 이걸 어째요.

"출입 금지!"

사람들만 출입 금지인 꽃밭 안으로 날아가 버린 거예요.
잠자리채를 뻗어 보았지만 그곳은 잠자리채도 닿지 않는 곳.
우리들은 멍하니 금줄 밖에서 나비가 날아오길 기다렸어요.
하지만 나비는 멀리멀리 날아가고 말았어요.

안녕!
나비야, 줄점팔랑나비야.
절대 절대 논에 가지 말고
곧장 곧장 꽃밭에 가라.

괭이밥은 나비밥

"잠깐만!"
엄마가 샬레에 나비 한 마리를 가두었어요.
가만히 들여다보니 참 예뻐요.
그런데 아파트 화단에서도 자주 보았던 나비가 아니겠어요.
보잘것없어 보이던 나비가 이렇게 예쁘다니.
이 나비가 그 나비 맞나?
눈부신 날개에 까만 점 땡 땡 땡…….
코앞에서 가만히 들여다보지 않았다면
이 나비가 얼마나 예쁜지 끝내 몰랐을 거예요.

확대경으로 나비를 들여다보곤 더 놀랐지요.
더듬이, 발, 눈.
이렇게 예쁜 줄은 꿈에도 몰랐거든요.
더듬이 끝이 곤봉 모양이란 말도 이제야 알았어요.

당장 갖고 싶은 게 생겼지요.
확대경.
확대경만 있으면 안 보이던 게 보일 테니까요.

"그런데 무슨 나비더라?"
몇 번이나 들었는데 나비 이름을 또 잊어버렸어요.
"옛날에 엄마도 그랬는데."
엄마도 그랬다는 말은 아주 반가운 말이지요.
"이름 좀 모르면 어떠니."
"정말요?"
"그럼. 재미보다 무서운 강적이 어디 있겠니."

"괭이밥은 남방부전나비의 먹이식물이야.
괭이밥 잎 뒤를 잘 살펴봐. 남방부전나비 알이나 애벌레가 있을 거야."
아하! 환삼덩굴 있는 곳에 네발나비가 있는 것처럼
괭이밥 있는 곳에 남방부전나비가 있다는 말씀.

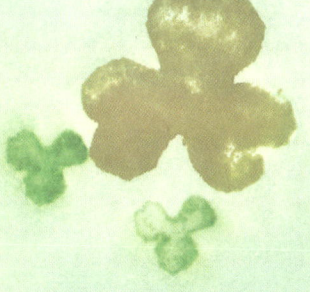

하트 세 장이 꽁지를 맞댄 이 풀이 괭이밥이에요.
그동안 괭이밥이 그냥 새콤한 풀인 줄만 알았어요.
그런데 작은 나비의 식량이었던 거예요.
괭이밥에 뽕뽕 난 구멍, 저 구멍이 바로
나비 애벌레를 잘 키워 내고 단 훈장이겠지요?
괭이밥 이름을 남방부전나비밥이라 바꿔 부르고 싶어졌어요.
그게 그건가?
괭이=나비, 괭이밥=나비밥.

남방부전나비 알이랑 애벌레는 아주 작아요.
눈 부릅뜨고 찬찬히 풀밭을 뒤적였더니
알이 겨우 하나 보이는 거예요.
하긴 어른이 되어도 쪼그만데 오죽하겠어요.

아파트 화단에 난 괭이밥이 오늘따라 무척 반가웠어요.
남방부전나비들이 괭이밥을 좋아한다잖아요.
경비 아저씨에게 괭이밥을 뽑으면
안 된다고 얘기해 줘야겠어요.

앗! 아까 그 나비, 남방부전나비예요.
아저씨, 이 나비 좀 보세요. 참 예쁘지요?
괭이밥이 없으면 이 나비가 못 산대요.

애벌레 애벌레

악~~~~~~~ 뱀이닷!
"놀라지 마. 달맞이꽃 잎을 오물오물
갉아 먹는 뱀이 어디 있니.
나… 주홍박각시 애벌레야."
"애벌레면 애벌레답게 좀 앙증맞을 것이지.
왜 뱀처럼 무시무시한 꼴을 하고 다니니?"
"뱀으로 보이는 게 얼마나 안전한 줄 알아?"

"그래도 보기 좋은 꼴은 아니야."
"어쩌겠니? 나처럼 약한 애벌레가
살아남으려면 좀 무서워 보이기라도 해야지."
"히힛. 넌 얼굴이 무기구나."
"그래. 이만한 무기 없지.
내 친구 중에는 새똥인 척하는 애도 있어."
"히, 그건 초강력 무기네."

친구가 애벌레 등을 만지며 말했어요.
"오, 촉감 좋은데! 귀엽지 않니?"
"진심으로 말하는 거야?"
"그래. 빛깔도 예쁘잖아. 이 애벌레가 커서
날개를 단다고 생각하면 더 기특해 보여.
너도 만져 봐."

난 도저히 만질 수가 없었어요.
그래도 애벌레가 무섭다거나 징그럽단 느낌은 들지 않아요.
한참 애벌레를 들여다보아도 팔뚝이 근질근질,
물결이 너울너울 밀려오는 것 같지도 않고요.
'애벌레야, 너는 커서 어떤 나방이 되는 거야?'

그때 친구가 내 옆으로 왔어요.
난 얼른 엄마한테 달려갔어요.
친구가 애벌레 만진 그 손으로 내 손을
잡을까 봐 잔뜩 겁이 났거든요.

"Ω 모양을 만들면서 걸음걸이의 혁명가처럼 걷는 넌 누구냐?"
"나! 자나방 애벌레다. 머리를 죽 뻗은 다음에
 꼬리를 당기면서 이렇게 가는 건
 몸통 중간에 다리가 없기 때문이다."

세상에 이렇게 신기한 걸음은 처음 봐요.
고놈의 자벌레 걸음 때문에
가다 멈추고 가다 멈추고.

개망초 줄기에서 몸을 쭉 뻗고
개망초 줄기인 듯 조신하게 있는 자벌레.
무심코 걸으면 자벌레가 있는 줄도 모르겠어요.

"자벌레 없다."
"히야, 넌 닮은꼴이 무기구나."
"이만한 무기도 없지. 나도 내가 풀줄기인 줄 알았다니까."
"그래, 넌 속임수 천재야. 하지만 널 이해해.
네가 강하다면 속임수가 왜 필요하겠니?"

무서운 척, 더러운 척, 없는 척, 풀잎인 척……
몸 지킬 무기 하나 없는 애벌레의 살아남기 속임수.
그 앞에서 애벌레가 징그럽다는 말은 이제 안 할 거예요.

나는야 거위벌레

돌돌 말린 나뭇잎이
떨어져 있어요. 뭘까?

거위벌레 요람이에요.
안에 거위벌레 알이
하나 들어 있지요.
거위벌레 알이 나뭇잎
안에서 애벌레가 되어
그 나뭇잎을 갉아 먹고
어른벌레가 되는 거예요.

살짝 잎을 풀어 봤어요.
우와! 정말 알이 들어 있어요.
"추워, 이불을 빨리 덮어 줘!"
거위벌레 알이 달달 떨었어요.
"미안, 미안."

거위벌레처럼 나뭇잎을 돌돌 말아 원래대로 해 놓으려 했어요.
그런데 난 거위벌레만 한 솜씨가 없어요.
아무리 꼼꼼하게 말아도 어설프기 짝이 없는
요람이 되고 마는 거예요.

내 입은 날카롭지요.
나뭇잎을 자르기에
안성맞춤인 것입니다.

준비물: 나뭇잎 한 장, 쌀 한 톨

나는야 거위벌레.
'숲 속의 재단사'라는 별명을
갖고 있지요. 나뭇잎으로 만든 알집이
훌륭하다고 소문이 났거든요.
그럼 지금부터 나의
재단 솜씨를 보실까요?

❶ 나뭇잎 가운데 맥까지 잎을 자릅니다.

❷ 반대쪽을 또 자릅니다.

❸ 가운데 맥에 흠집을 냅니다. 조금 지나면 잎이 시들시들 해집니다. 빳빳한 잎보단 살짝 시든 잎이 작업하기 편하지요.

❹ 잎이 시들었네요. 시든 잎을 반으로 접습니다.

❺ 나뭇잎에 알을 낳습니다. 딱 한 알만 낳습니다.

❻ 나뭇잎을 돌돌 맙니다.

❼ 가위집 낸 데를 톡 잘라 나뭇잎을 바닥에 떨굽니다.

그날 밤 꿈을 꾸었지요.
거위벌레가 되어 밤새 나뭇잎을 돌돌 마는 꿈을요.
알집을 만들고 기도를 할 때였어요.
어린 알아, 애벌레로 깨어날 때까지 편히 자렴.
엄마가 만든 집은 아주 안전한 곳이란다.
먹을 것도 걱정이 없단다.
너를 보호하고 있는 요람이 너의 소중한 양식이 될 테니까.
그때 어떤 아이가 알집을 헤쳐 놓으려고 했어요.

"안 돼! 안 돼!"
아이에게 소리를 질렀지요.
그런데도 아이는 내 아기의 요람을
망가뜨렸어요.
"안 돼! 안 돼!"

자다 일어나니
앗! 거위벌레 요람!
엄마가 호박잎에 밥을 올려놓고 강된장을 올려놓고
호박잎을 돌돌돌 말아 호박잎쌈을 만들고 있어요.
"거위벌레쌈밥이다!"
"어서 먹으렴."
엄마도 참, 내가 그걸 어떻게 먹을 수가 있겠어요.

콩벌레를 본 다음에

공원에 가다 횡재를 했어요.
콩을 만났기 때문이에요.
귀여운 까만 콩.
그냥 갈 수 있나요.
마술 한번 해야죠.

수리수리 마하수리 얍!
콩벌레가 되어라 얍!

우와! 콩벌레!

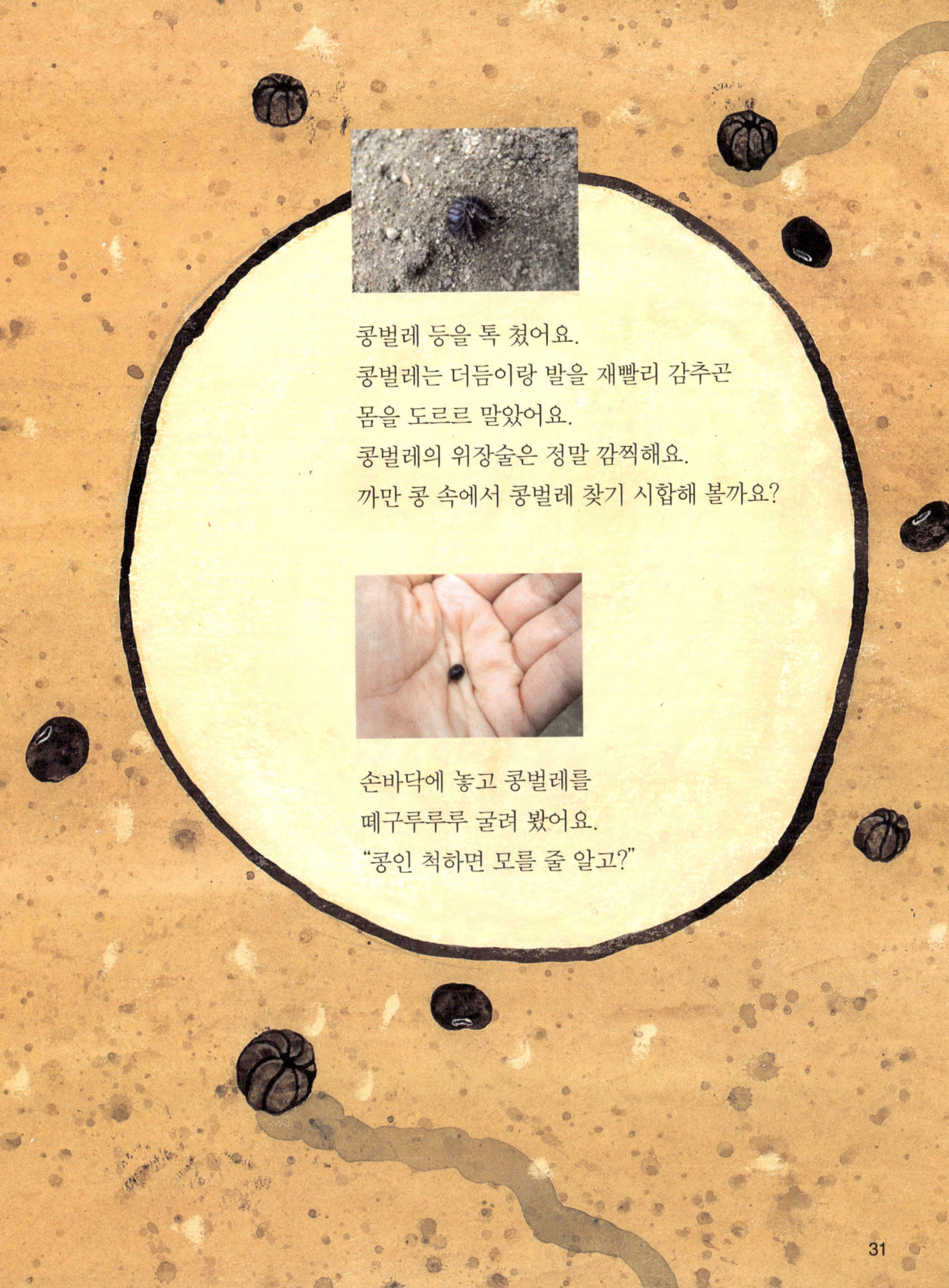

콩벌레 등을 톡 쳤어요.
콩벌레는 더듬이랑 발을 재빨리 감추곤
몸을 도르르 말았어요.
콩벌레의 위장술은 정말 깜찍해요.
까만 콩 속에서 콩벌레 찾기 시합해 볼까요?

손바닥에 놓고 콩벌레를
떼구루루루 굴려 봤어요.
"콩인 척하면 모를 줄 알고?"

지나가던 언니가 물었어요.
"뭐 하는 거니?"
"아무것도 안 했어."
딴 사람까지 콩벌레를 괴롭히는 건 좀 곤란하지요.
난 조금만 놀리다 말 거니까요.

미안, 정말 미안.
금방 풀밭으로 보내 줄게.

발 동동 콩벌레

나 집에 갈 거야
굴러 굴러 집에 갈 거야

또르르 콩 또르르 콩
굴러 굴러 집에 갈 거야

야, 까까까 까만 콩!
나랑 같이 가자.

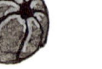

"앗, 콩벌레?"
"아니, 나 분꽃 씨앗이야."

"앗, 콩벌레?"
"아니, 나 노린재나무 씨앗이야."

땡글땡글한 까만 씨앗을 볼 때
탁! 생각나는 게 있어요.
바로 콩벌레예요.

콩벌레를 본 다음에 콩벌레 닮은 것들을
자주 만나게 되네요.

"콩벌레?"
"아니, 나 토끼 똥이야."

"콩벌레?"
"아니, 나 환약이야."

꼬물꼬물 밤벌레

엄마가 밤을 씻을 때 물에 둥둥 뜨는 밤 몇 개를 건져 놓았어요.
구멍이 뽕 뚫린 밤이었어요.
"이 안에 밤바구미 애벌레가 들어 있단다.
하마터면 밤벌레까지 삶을 뻔했네."

밤벌레 엄마는 분명 도요새처럼 입이 단단하고 뾰족할 거예요.
그렇지 않으면 이 딱딱한 밤 껍질을 어떻게 뚫고 알을 낳았겠어요.

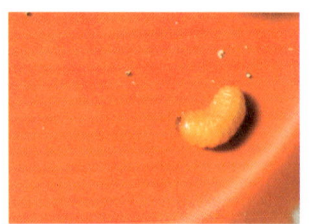

다음 날 아침.
밤에서 벌레 한 마리가 빠져나와 꼬물꼬물 기어 다니고 있었어요.
녀석, 엄청나게 오동통하네.
밤이 얼마나 영양가 높은지 알겠어요.
녀석을 꿀꿀이로 만들었잖아요.

춤추는 것 같은 밤벌레.
밤벌레는 살살 만져야 해요.
꼭 누르면 몰랑몰랑한 살이 터질 것만 같아요.

학교에 갔다 왔더니 또 한 마리가 나왔어요.
한 쌍이 쉬지 않고 고물고물 기어 다녀요.
그런데 바닥이 미끄러운가 봐요.
기우뚱 발라당 기우뚱 발라당.

"넌 왜 발이 없냐? 발이 없으니까 자꾸 넘어지잖아."
"먹이 구하러 다닐 일 없는데 발이 왜 필요하니.
매미 애벌레 굼벵이도 그래서 발이 없는 거야."

더 넘어지지 말라고 그릇에
흙을 담아 밤벌레를 넣어 줬어요.
흙 위에선 넘어지지 않고 잘 기어 다니네요.

저녁에 보니 또 한 녀석이 나와 삼형제가 되었어요.
내일은 몇 형제가 될까요?

밤바구미가 될 때까지 키워 볼까 했는데 키우기 힘들대요.
썩은 나뭇잎 깔아 주고 흙 속에서 자게 내버려 두는 건
어렵지 않지만 무슨 재주로 흙을 촉촉하게 해 주고
온도를 맞춰 주겠어요.
밤벌레를 숲에 데려다 주는 게 낫겠지요?

안녕~ 꿀꿀이야.
네가 살 곳은 여기야.
여기에서 자라야 어른벌레가 되지.
그런데 알은 너무 많이 낳지 마.
나, 밤나무 주인한테 혼날지도 몰라.

꽃등에는 꽃 등에

국화 향기 따라온 손님들이 많아요.
아니, 참. 꿀 모으러 온 일꾼이지.

꽃에 폭 파묻혀 꿀을 모으고 있는 꿀벌.
발에 주황빛 덩어리를 달았네요.
꽃가루를 잔뜩 모은 거예요.
꿀도 모으고 꽃가루도 모으고.
꿀벌은 아주 바빠요.

너도 일하러 온 꿀벌이구나.
그래그래, 열심히 일해라.

앗, 뭐야!
너 왜 두 손을 싹싹 비벼 대는 거지?

두 손 비벼 대는 걸 보지 못했으면 깜빡 속을 뻔했어요.
"어서 불어라! 정체가 뭐냐?"
"저, 저는 파, 파리에 속하는, 꽃등에라고……."
"꽃 등에 앉길 좋아하는 꽃등에란 말이지?"
"예, 예. 그러하옵니다."
"꿀벌처럼 생겼으면 빌어 대지나 말 것이지."
"그런데요, 파리라고 냄새나는 똥이나
생선만 붕붕붕 쫓아다니란 법 있나요?
그리고 나를 왜 파리 종류라고 하는 거지요?
나는 그냥 난데."

그래. 벌은 벌, 파리는 파리. 너는 너!

꽃등에를 보고 용기를 얻은 파리.
꽃을 찾아왔어요.

"파리 주제에 꽃이라니! 분수를 몰라, 쯧쯧."

"아니! 아직도 이러쿵저러쿵하는 거야?
파리라고 꽃 찾지 말란 법 있냐고요~."

헌 집 줄게 새 집 다오

"이것 좀 봐."
앞서 가던 친구가 사마귀 알집을 보여 줬어요.
"작년에 생긴 사마귀 알집 같아. 아주 헌 거야."
"사마귀가 태어나 나갔겠지?"

사마귀 알집을 갈라 보았는데 이걸 어째요.
애벌레 몇 마리가 고물거리고 있는 거예요.
어른벌레가 되려면 아직 멀어 보이는
작은 애벌레였어요.

미안. 애벌레를 얼른 알집에 넣고 알집을 여며 주었어요.
씩씩한 사마귀가 되지 못하면 어쩌지. 미안 미안.

"이건 올해 만든 사마귀 알집 같아."
"넌 헌 집처럼 보이면 안 돼!
헌 집이 되면 노래를 불러야 해."

두껍아 두껍아 헌 집 줄게 새 집 다오.
두껍아 두껍아 헌 집 줄게 새 집 다오.

"사마귀다!"
삼각형 얼굴에 날카로운 앞다리를 번쩍 들고
커다랗게 부릅뜬 눈을 보니
가슴이 덜컹 내려앉았어요.
사마귀 애벌레를 볼 땐 그깟 사마귀쯤 했는데.
'헌 집 줄게 새 집 다오.'
노래를 괜히 가르쳐 줬나 봐요.

어디 어디 숨었나.
네잎클로버 어디 어디 숨었나.

눈이 어두운가 봐요.
네잎클로버가 안 보여요.

대신 꽃 두 송이 따서
동생 손목에 걸어 줬지요.
"토끼풀 꽃시계야."
"나, 시계 못 봐."
"그럼 꽃반지 끼워 줄게."

호~호~ 수리수리 마수리~ 마법의 반지.

고운 나뭇잎 줄에 엮어
한 꼬마 인디언.

두 꼬마 인디언.

풀밭이 덥수룩해요.
잔디 깎기!

집에 들어올 때 목련 나뭇잎을 두 장 따 갖고 왔어요.
나뭇잎 퍼즐 맞추기를 하려고요.

동생은 네 조각 퍼즐
나는 여섯 조각 퍼즐.

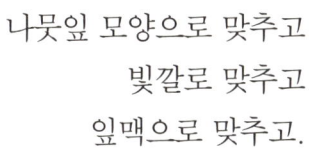

나뭇잎 모양으로 맞추고
빛깔로 맞추고
잎맥으로 맞추고.
목련 잎을 이렇게 찬찬히 들여다본 적이 없어요.

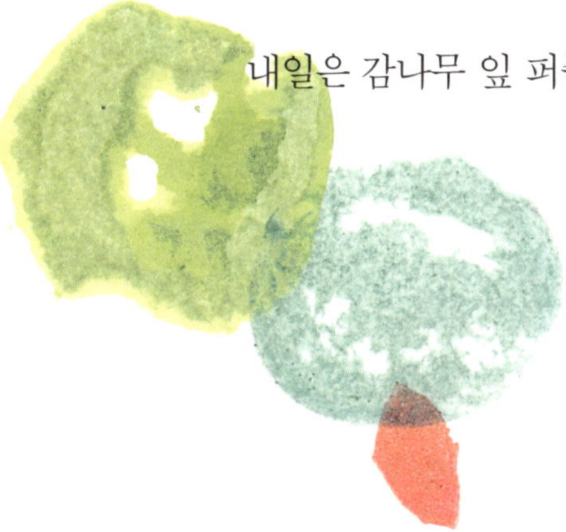

내일은 감나무 잎 퍼즐을 만들어 동생이랑 시합할 거예요.
동생은 여섯 조각 퍼즐
나는 여덟 조각 퍼즐.

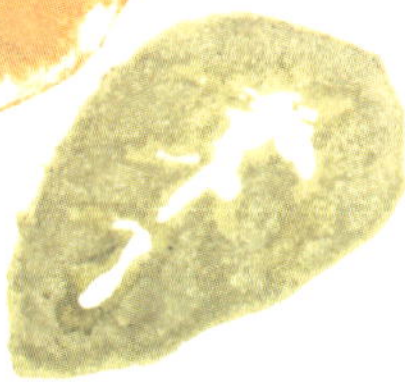

인디언 머리띠를 어떻게 버리겠어요.
발로 걸어 두었지요.
창문에 팍 퍼지는 가을 냄새!

지난번에 책장 사이에 말려 둔
색색의 나뭇잎도 꺼냈어요.
나뭇잎을 종이에 붙여
반투명 유리 뒤에 발랐지요.

청미래덩굴 잎
느티나무 잎
튤립나무 잎
신나무 잎
벚나무 잎,
나뭇잎은 햇살이 환할 때
더 맑아지지요.
실핏줄 같은 잎맥을
고스란히 보여 주지요.

"이야, 곱다!"
엄마 아빠 이모 모두
좋아하는 걸 보고 밖으로 나가
단풍 든 나뭇잎을
몇 장 더 주워 왔어요.
햇살에 비치는 나뭇잎을
보고 있으면 가을 나무 아래에
서 있는 것 같아요.

자작나무 잎 한 장은 책갈피로.

나뭇잎 무늬 손수건 만들기!
손수건 위에 나뭇잎을 올려놓고
숟가락으로 땅 땅 땅 땅 땅 두드리면
초록 풀물이 곱게 들어요.
단풍나무 잎, 국화, 토끼풀…….
갖고 싶은 무늬를 다 가질 수 있어요.

분홍색 분꽃이 고와서 분꽃 꽃잎도 새겼어요.
나뭇잎 무늬 꽃무늬 손수건을 만들 때 덤으로 얻는 기쁨은?
첫째, 풀 냄새 꽃 냄새를 실컷 맡아요.
둘째, 숟가락 연주를 흥겹게 해요.

그런데 이렇게 고운 손수건으로 어떻게 땀을 닦지요?
코를 풀 수도 없고요.
게다가 이마에 초록 풀물이 들면 어떡해요.
콧잔등에 꽃물이 들어서도 안 될 일.

분꽃 손수건은 밥상 유리 밑에 깔아 두기로 했어요.
주머니에 넣고 다니면서 필요할 때 쓰면 좋겠지만
두고두고 보는 게 더 좋으니까요.

엄마 따라 잠자리 공부하러 간 날.
난 엄마를 제대로 쫓아다닐 수가 없었어요.

꽃범의꼬리도 예쁘고

부처꽃도 예쁘고

이질풀 꽃도 예쁘고.

꽃에 한눈팔다 헐레벌떡 엄마를 쫓아가곤 했어요.

"무슨 잠자리일까? 잘 봐라.
날개 무늬랑 가슴 무늬랑 배의 색깔이랑."
엄마가 나눠 준 사진이랑 비교해 보는데
무슨 잠자리인지 알 수가 없어요.
뭐가 다르고 뭐가 같은 거지요?

"고추좀잠자리예요."
동생이 먼저 입을 열었어요.
'비슷비슷하게 생겼는데 빨리도 찾네.'
나도 고추좀잠자리를
잡아야지 마음먹었는데

우와, 저거 무슨 풀일까?
탐스러운 여우 꼬랑지같이 생긴 풀 말이야.
"수크령이야."
여우 꼬랑지가 살랑살랑 흔드는 길을 지나가는데

우와, 저 강아지풀 좀 봐. 반짝반짝 빛이 나네.
"금강아지풀이야."
비싼 강아지일까?

어, 저 잠자리 봐요.
강아지 꼬리가 무섭지도 않나?
금강아지풀에 앉아 있어요.

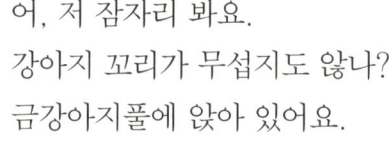

숨죽이고 살금살금 다가가 잠자리를 확 잡으려 했지요.
그런데 재빨리 저만치 날아가는 잠자리.
왕눈이는 눈치도 엄청 빨라요.
다시 살금살금.

"엄마! 고추좀잠자리 잡았어요!"
"흰얼굴좀잠자리야."
뭐가 이렇게 복잡하지요.
빨가면 고추잠자리, 똥색이면 된장잠자리,
날씬하면 실잠자리, 쉽게 부르면 안 될까요.

"좀 줘 봐."
"나도."
흰얼굴좀잠자리 인기가 최고예요.
"금방 날려 줘야 해. 날개 다치면 안 돼."
잠자리를 보내 줬어요.

연못가에서 예쁜 잠자리를 만났어요.
"등검은실잠자리야."
파란빛이 어쩜 저렇게 고울까요.
몸집이 작고 가늘어서 빨리 걸었으면
못 보았을 작은 잠자리.

"잠자리들아, 너희들 왜 물가에 많은 거야?"

"짝짓기를 끝내고 물속에 알을 낳으려고 왔기 때문이야."
"내가 태어난 곳이잖아. 가끔 고향 생각이 난단다."

어릴 때는 물속에서 살고
커서는 하늘을 나는 잠자리!
잠자리가 부러워요.
나는 수영도 못하고 날지도 못하거든요.

히야, 발에 쌀알 같은 게 달렸네.
하얀 꽃잎 같기도 하고!
저 잠자리는 뭘까?
"나, 방울실잠자리야."
"참 예쁘구나. 꽃신을 신은 것 같아."
"예뻐 보이려고 신은 게 아니란다.
방울은 수컷만 달고 있는데
싸울 때 무기로 쓰고 짝 얻을 때 흔드는 거야."
"방울 소리 들려줄래?"
"그럼… 내 색시가 되어 줄래?"

"야! 그만 좀 봐!
사생활 침해는 예의에 어긋나는 거야."
그래도 난 좀 더 구경했어요.
하트를 그리는 잠자리의 짝짓기!
잠자리 두 마리가 그리는 하트가 정말 신기했거든요.

"엿보지 마!"
잠자리가 자리를 옮겼어요.
하지만 우리는 잠자리를 또 따라갔지요.

"수컷이 누구니?"
"빨간 잠자리! 장가가고 싶다고 몸이 빨개졌잖아."
"빨간 잠자리! ∑ 요렇게 생긴 꼬리로 암컷 목덜미를 꽉 잡았잖아."
"빨간 잠자리! 암컷이 몸을 둥글게 구부려서
수컷 배에 있는 생식기에 대고 있잖아."
우리는 모두 잠자리 짝짓기에 대해 박사가 되었어요.

"엇! 깃동잠자리다."
깃동잠자리는 멀리에서 보아도 탁 알 수 있어요.
날개 끝에 밤색 깃동을 달았거든요.
"야, 그러다 새한테 잡아먹히면 어떡하니! 어서 내려와!"
잠자리를 잡고 싶어 거짓부렁을 했지요.
"나 지금 보초 서는 거야. 여긴 내 영역이거든."
잠자리는 높은 나뭇가지 끝에서 꿈쩍도 않겠대요.
그때 잠자리 한 마리가 다가왔어요.
"누가 감히 얼씬거려!"
깃동잠자리가 휘익 날아가 잠자리를 쫓아내곤
앉았던 자리로 다시 돌아왔어요.

손이 닿지 않는 곳에 앉은 잠자리는 쳐다보지 않는 법.
"안녕~ 네 자리 잘 지켜라!"
집에 와서 '늙은 잠자리' 노래를 들었어요.

늙은 잠자리

방정환

수수나무 마나님 좋은 마나님
오늘 저녁 하루만 재워 주세요
아니 아니 안 돼요 무서워서요
당신 눈이 무서워 못 재웁니다
잠잘 곳이 없어서 늙은 잠자리
바지랑대 갈퀴에 혼자 앉아서
추운 바람 서러워 한숨짓는데
감나무 마른 잎이 떨어집니다

얇은 종이를 대고 잠자리 그림도 그려 봤어요.
색시 잠자리 신랑 잠자리도 그려 봤어요.
짝짓기가 끝나고 알 낳으러 물가에 가는 중이에요.

"날치 아냐?"
"곤충이면 머리, 가슴, 배가 기본인데!"
엉터리 그림이라고 엄마가 놀려 댔지만
좀 이상하면 어때요 뭐.
내가 그린 잠자리인걸요.

오늘 잠자리 공부 끝!
나도 잠자리에 들어야지!

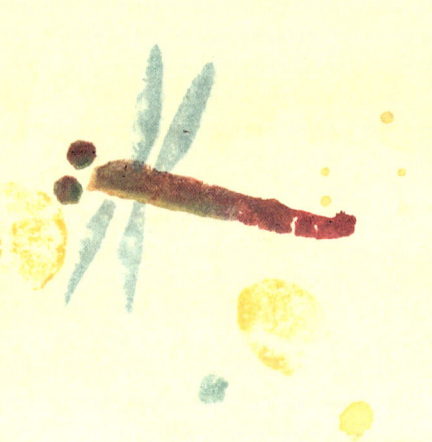
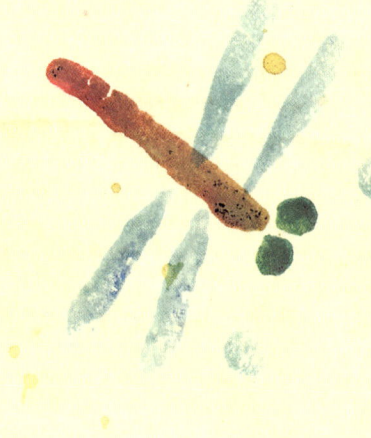
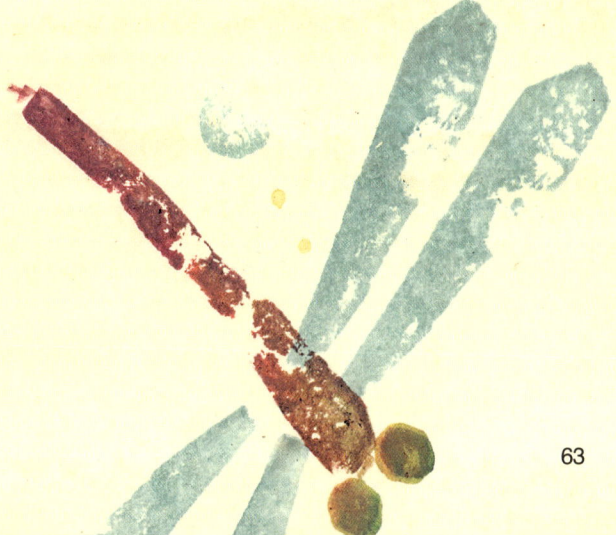

숲 맛보기

올 가을은 순한 동물처럼
숲 속 온갖 열매를 먹어 보고 있어요.
팽나무, 아그배나무, 산사나무, 산딸나무……
숲을 맛보고 있어요.

팽~ 열매가 날아가는 팽나무.
팽나무 열매는 달콤하고 뭉글뭉글해요.

아그배나무 열매는 빛깔이 정말 곱지요.
한 알 따 먹었는데 그럭저럭 맛도 괜찮아요.
하지만 많이 먹으면 안 된대요.
아그~ 배야~ 배가 아프대요.

산사나무 열매는 사과 맛이 조금.
엄마랑 나는 산사나무 아래에 떨어진 열매를 열심히 주웠지요.
아빠가 산사나무 열매로 담근 술을 무척 좋아하시거든요.
아빠도 가을 숲을 맛볼 수 있겠지요?

산딸나무 열매는 딸기 맛.
열매를 깨물면 봄이 살짝 다녀가는 듯해요.

꽃이 진 자리에 생겨난 열매들!
꽃은 참 고마워요.
어쩜 이렇게 맛난 열매를 남겨 주었을까요.
하지만 맛있는 열매만 맛본 건 아니에요.
"숲을 맛보려면 가리지 않고 다 먹어 봐야 해.
풀잎도 먹어 보고 씨앗도 먹어 보자."

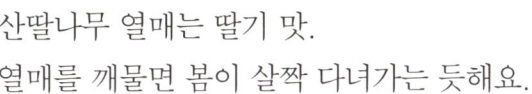

"개여뀌일까? 그냥 여뀌일까?
잘 모르면 잎을 씹어 봐."
엄마 말 듣고 잎을 한 장 씹었지요.
"으악~ 화끈하게 매워요."
"그럼 그냥 여뀌란다."

여뀌인 걸 확인했다면 얼굴 찌푸리지 말고
맛있는 거 먹은 얼굴로 능청 떨며
옆 사람에게 맛보여 주기!
"맛이 꽤 좋은걸. 먹어 봐."

그래도 계요등을 먹어 보라 안 하시니 천만다행이에요.
무슨 맛이 나기에 그러냐고요?
닭 계. 오줌 요. 등나무 등.
닭오줌 냄새 나는 풀이에요.

콩다닥냉이는 좀 매워요.
그래도 여뀌에 비하면 양반이에요.

나비가 된 기분으로 괭이밥도 먹어 봤어요.
내가 좋아하는 남방부전나비가 먹고 사는 식물이니까요.
이걸 먹고 나비가 그렇게 예뻐졌단 말이지?
냠냠 짭짭 냠냠 짭짭.
어떤 맛이 났을까요?

구절초

쑥부쟁이

산국

가을 숲에는 향기 좋은 국화들이 많아요.
엄마 생각이 나서 산국 한 가지를 꺾었어요.
엄마에게 가을을 선물하고 싶었거든요.

"꽃은 작아도 향기는 으뜸이야. 난 산국 향기를 먹어야겠는걸."
엄마가 국화차를 만들었어요.
따뜻한 물에 국화 몇 송이를 띄우면 국화차가 되는 거예요.

"차를 반 마셔도 향기는 처음과 같다! 이런 말이 있단다."
엄마 말을 듣고 반쯤 남은 찻잔에 코를 대 보았어요.
음~ 가을 냄새!
숲에서 맡은 국화 냄새가 그대로 났어요.

"숲을 맛보여 준 꽃을 위해 노래를 만들면 어떨까?"
"좋지요!"

꽃노래

나풀대는 처녀치마
가슴 콩닥 동자꽃
귀가 솔깃 노루귀
눈이 번쩍 홀아비꽃대
불 밝혀라 금강초롱
딩가 딩가 소리쟁이
연지 곤지 족두리풀
애지중지 각시붓꽃

코 막아라 노루오줌
또 쌌네 애기똥풀
백리 간다 백리향
더 간다 천리향
얼레꼴레 얼레지
참아라 참나리
치지 마라 으아리꽃
눈 감고 솜방망이

배고프다 조팝꽃
하얀 쌀밥 이팝꽃
암탉 잡아 사위질빵
고초당초 며느리밑씻개
눈물 방울 은방울꽃
옷 젖는다 우산나물
나도 산다 겨우살이
대충대충 쉽싸리

뻐긴다 큰개불알풀
기죽었다 개불알풀
너는 너도바람꽃
나는 나도바람꽃
일어서라 앉은부채
나도 가자 짚신나물
산 넘고 삿갓나물
돌고 돌고 물레나물

꽃이 진 자리에

눈 밝은 사람만 많은 걸 발견할 수 있댔어요.
눈이 밝아지려면 어떻게 할까요?
느릿느릿 걸으래요.
친구랑 떠들지 말구요.

자, 그럼 찾아볼까요. 꽃의 흔적!

발견!
두 줄로 빼곡한 초콜릿 비스킷을 닮았어요.
과자 공장 아저씨가 노랑꽃창포 열매 깍지를 보곤
무릎을 탁! 쳤을 거예요.
으음~ 과자는 이렇게 담는 거야.

발견!
아주 작은 부엉이가 회양목 사이에 숨어 부엉~ 부엉~.
부엉이를 어떻게 보았냐고요?
엄마 뒤를 졸졸 따라다닌 덕분이지요 뭐.
엄마는 눈이 밝아 척 알아보는 게 많거든요.

"야, 이게 어디 부엉이 같냐? 배트맨이지."
친구가 배트맨이라고 박박 우겨요.

발견!
멋들어진 이질풀 디자인이에요.
촛대, 가로등, 가발, 귀고리…….
쓰일 데가 많을 것 같지요?
그나저나 이질풀 씨앗은 어디까지 튀었을까요?

발견!
노랑 꽃을 피웠던 기린초가 이렇게 또 한 번 꽃을 피웠어요.
꽃이 예쁘고 향기로운 건 벌, 나비를 불러들이기 위해서래요.
그래야 씨앗을 맺어 다시 태어나니까요.
그런데 씨앗이 왜 이렇게 예쁜 거죠?
벌, 나비를 부를 것도 아닌데.

"야, 이게 무슨 꽃을 닮았냐. 별이지." ★☆
친구가 또 딴죽을 걸어요. ★☆★☆
★☆★☆
★☆

두꺼운 나뭇잎을 한 장 따서 엄마가 피리를 불기 시작했어요.
작은 새가 날아온 듯했어요.
"나쁜 사람은 소리가 안 나."
나뭇잎 피리가 사람 마음을 안대요.
두근두근. 나뭇잎을 한 장 또르르 말아
한쪽을 누르고 숨을 불어 넣었지요.

착한 피리

착한 피리는 노래를 잘 불러
노래 안 부르면 입이 팡 터지지
착한 피리는 노래를 잘 불러
노래 안 부르면 똥꼬가 팡 터지지.

풀피리를 협박했지요. 그런데 협박이 안 통하나 봐요.
푸-우 푸-우 푸-우 푸-우 바람 빠지는 소리만 나요.
엄마는 착하다 착하다 고운 소리가 나는데.

에잇. 씨앗들이 살던 집이나 찾아야지.
눈 밝은 사람이 되고 싶거든요.

발견!
먹이 달라고 입을 쩌~억 쩌~억 벌리는
새끼 새를 닮지 않았어요?
등불을 켠 것처럼 노랑 꽃을 주렁주렁 달았던 히어리도
이렇게 이쁜 열매를 맺었어요.

"이게 어디 새 새끼 입 같냐.
살찐 부엉이 두 마리가 마주 보는 거지."
왜 자꾸 시비지요?
날 좋아해서 그럴까요?

용담은 지각생이에요.
이제 꽃 피었는데 언제 씨앗을 맺지요?

새똥 좀 봐요. 조그만 새들이 왔다 간 흔적이에요.
조그만 새들은 가시가 많은 나뭇가지 사이에 둥지를 튼대요.
뱀이나 들고양이가 못 드나드니까요.
가시! 너, 참 훌륭해!

새들은 조그만 찔레 열매를 한입에 쏙 넣겠지요?
그리고 고맙다고 씨앗을 멀리멀리 퍼뜨려 주겠지요?

으음- 마이크 테스트! 마이크 테스트!
민들레 씨앗이 날아가고 마이크만 남았어요.
노래 한 곡 뽑아 볼까나.

"엄마. 이거 뭐예요?"
"잘 모르겠는데……. 집에 가서 도감 찾아보자."
어려운 걸 다 아는 엄마가 왜 저걸 모르지요?
진짜 모르는 걸까요?

어쨌거나 숙제가 하나 생겼어요.
어떤 꽃이 피었던 자리일까요?

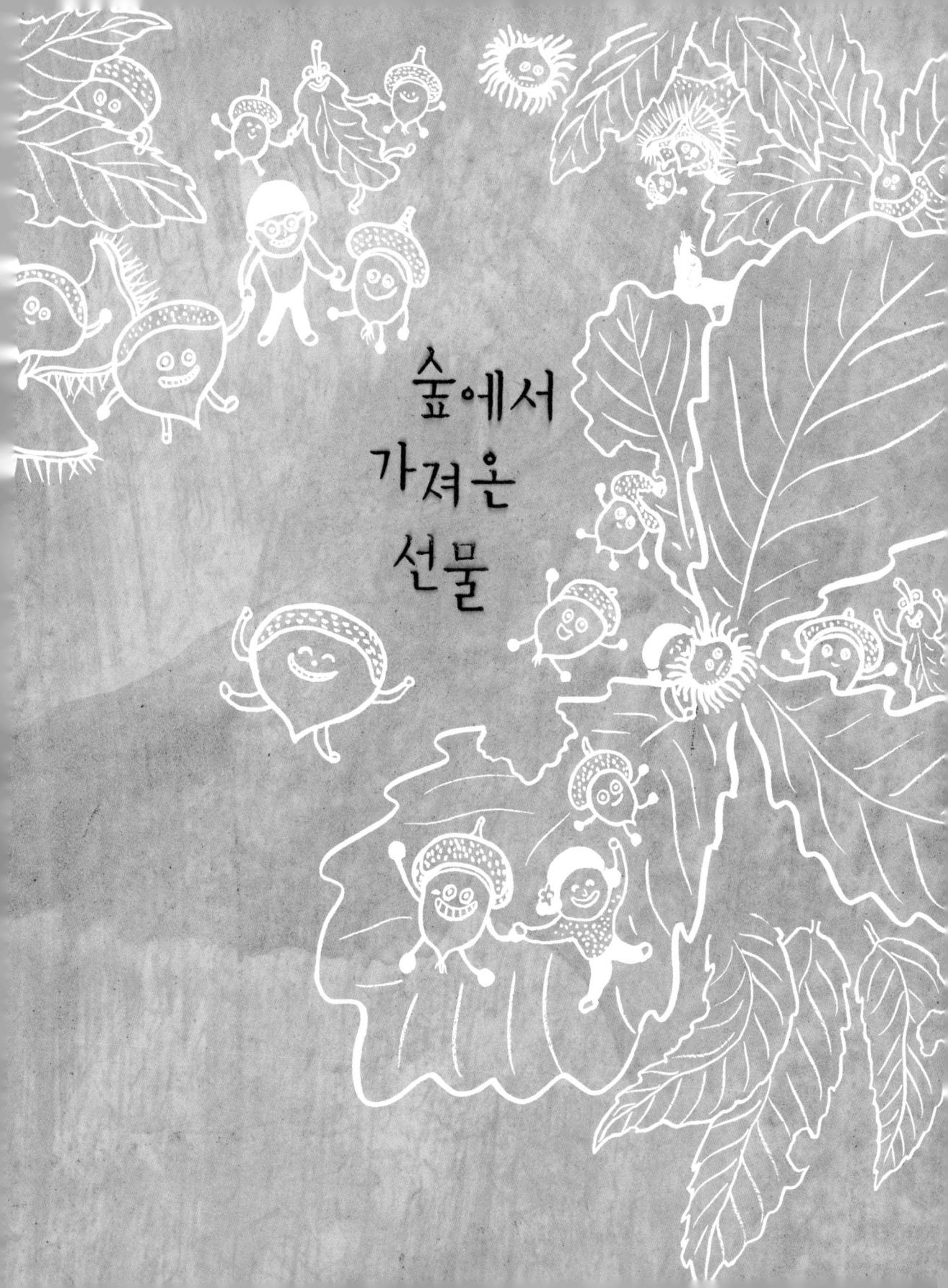

"오늘은 삼촌이랑 공원 한 바퀴 돌자."
친구들과 놀고 있을 때 삼촌이 뚱뚱이 배낭을 메고 왔어요.
'먹을 거 잔뜩 갖고 왔나 봐.'
신이 나서 삼촌을 따라나섰지요.

"삼촌. 배낭에 뭐 들었어?"
"보여 줄까? 짜잔~."
뭘까? 뭐가 나올까 궁금했는데
에계계, 겨우 숟가락.
그런데 설탕 뜰 때 딱 좋겠어요.

저거 한번 만들어 볼까?
만들기도 쉽겠어요.
밤 쭉정이랑 이쑤시개만 있으면 되잖아요.
그런데 밤 쭉정이를 어디에서 줍지?

"또 보여 줄까? 짜잔~."
뭘까? 뭐가 나올까 궁금했는데
에계계, 겨우 나뭇잎 인형.
그런데 저거 늑대야? 여우야?
으음~ 녀석들 엄청 귀엽네요.
나도 만들어 볼까나.

"이거 나뭇잎 명함이야. 멋지지?
이름 쓰고 주소 쓰고
전화번호 적고 그러면 되는 거야."
"책갈피로 써도 돼요?"
"안 될 리가 있겠니?"

떡갈나무, 물오리나무, 물푸레나무, 생강나무.
좋아하는 나뭇잎이 손수건에 들어 있어요.
후투티, 물총새, 직박구리, 붉은머리오목눈이.
내가 좋아하는 새 발자국을 몽땅 넣어
손수건을 만들면 참 좋겠어요.

"짜잔~."
"이야!
나뭇잎이 잔뜩 찍혔구나."

히야!
나뭇잎 부엉이가 거꾸로 매달렸어요.
"너, 박쥐 사촌이니?"

얼른 따라 해 봤지요.
그런데 뚱뚱이 부엉이가 되었어요.
히힛, 삼촌 닮았지요?
아니, 삼촌 가방 닮았지요?

식식식식식시이~~~~익~.
가을에 웬 매미 소리?

"지금 우는 건 늦털매미란다.
돌아가면서 흉내 내기!"
"씩 씩 씩 씩 씩 씨이~~~~익~."
우리들은 늦털매미처럼 씩씩거렸지요.

늦털매미는 가을을 좋아하나 봐요.
다른 매미들은 여름 지나고 노래를 딱 그쳤는데
늦털매미는 이제야 씩씩거리잖아요.

커다란 나무 밑에 갔더니 매미 허물이 엄청 많았어요.
쭉정이만 남기고 알맹이는 쏙 빠져나간 매미, 그 매미들이
여름 내내 숲이 들썩거릴 정도로 노래를 했던 거지요.
7년쯤 땅속에서 살다 드디어
숲의 성악가가 되었을 때 얼마나 두근거렸을까요.

울보 동생에게 주려고 매미 허물을 주웠어요.
너도 우렁찬 노래를 불러 보렴.

누리장나무,
파랑 구슬 같은 열매를 똑 따고 싶지만

누구 눈망울을 닮았을까? 맥문동,
까만 열매도 따고 싶지만

참아야지요.
목걸이를 만들어 엄마에게 드리면 좋겠지만
모두들 엄마의 목걸이가 되고 싶지 않을 테니까요.

어, 더 좋은 선물이 나타났어요.
날개만 남은 나비.
날개가 찢어지고 화사한 비늘가루가 날아가 초라하지만
예쁜 나비를 느낄 수가 있었어요.

산길을 따라가다 우리는 걸음을 멈추었어요.
죽은 나뭇가지로 친 울타리가 있었거든요.

울타리 안에는 감씨 한 개가 있었어요.
딱딱한 껍질을 뚫고 싹을 내밀고 있는 감씨였어요.
울타리가 없었다면 우린 아무것도 모르고 싹을 밟았을 거예요.
'누가 울타리를 만들었을까?
아기 같은 싹을 위해 울타리를 만드는 사람도 있구나.'
오늘 숲에서 만난 가장 큰 선물은 바로 이거였어요.

나는 얼른 매미 허물이랑 나비 날개를
감나무 씨앗 옆에 묻었어요.
감나무의 거름이 되렴.
꼭 감나무가 되렴.